Tan humano, solo Dios

Mercedes Navarro Puerto

Tan humano, solo Dios

Conocer a Jesucristo

SAN PABLO

Colección dirigida por Silvia Martínez Cano y José María Pérez-Soba Díez del Corral

Mercedes Navarro Puerto (Jerez, 1951), biblista, teóloga y psicóloga, ha enseñado Antiguo Testamento y Psicología y Religión en la UPSA e impartido cursos de Biblia en centros teológicos y universidades públicas (Complutense, Sevilla...). Sus escritos versan sobre Biblia y Teología feminista y en SAN PABLO ha publicado *La luz y el universo* (2017), *El ansia y la sed* (2017), *María de Betania* (2020), *Eva* (2023) y *Dina* (2025).

© SAN PABLO 2025
Protasio Gómez, 11-15. 28027 Madrid
Tel. 917 425 113
secretaria.edit@sanpablo.es - www.sanpablo.es
© Mercedes Navarro Puerto, 2025
© Ilustración de portada: José Montalvá Beneyto, 2024

Distribución: SAN PABLO. División Comercial
Resina, 1. 28021 Madrid
Tel. 917 987 375
ventas@sanpablo.es
ISBN: 978-84-285-7431-0
Depósito legal: M. 21.786-2025
Printed in Spain. Impreso en España

Introducción

Jesús es un personaje público. En buena parte del mundo se ha oído hablar de él. Es un personaje cuestionado desde siempre: su vida, su origen, su muerte, su existencia histórica. La pintura y la escultura, la literatura, la música, la historia y el cine han ofrecido muchas imágenes e interpretaciones de él. Tan conocido y tan popular ¿queda algo que decir? Puede. Todavía sigue siendo un desconocido fascinante. Era galileo. Su experiencia cumbre lo lanzó a inaugurar un proyecto divino humanista e igualitario llamado *Reinado de D*s*[1]. Suscitó

---

[1] La teóloga Elisabeth Schüssler Fiorenza propuso la eliminación de la vocal *o* de la palabra *Dios* (en inglés *G*d* y en español *Di-s* o *Di*s*) para reducir la carga androcéntrica y patriarcal que tiene la imagen de Dios. De esta manera la biblista pretendía hacer consciente al lector de la dificultad de nombrar correctamente la esencia verdadera de Dios y no su interpretación patriarcal.

admiración, pero también sospechas y envidias por parte del sistema. Lo persiguieron, lo torturaron y ejecutaron. Pero el Espíritu-Sofía divina lo resucitó abriendo una puerta misteriosa y evolucionada a otra forma de vida y conciencia más allá de la muerte.

Algunas palabras que nos van a acompañar en este acercamiento al misterio de Jesucristo son:

- *Encarnación:* Jesús es el paradigma de la divinidad en la humanidad. Es carne, cuerpo, mente, biografía, mortalidad, capacidad emocional y relacional, inteligencia. Persona humana.
- *Sombra:* La sombra es todo aquello del inconsciente no reconocido y, por ello, proyectado. El Jesús evangélico tiene sombras, que va elaborando en su camino y en sus relaciones.
- *Reinado de D*s:* Es el proyecto divino de Jesús, la misión descubierta, compartida con su grupo de discipulado y acompañamiento y ofrecida gratuitamente a todos y todas.

- *Pascua:* El final de la vida de Jesús narrada por los evangelios constituye la Pascua, el misterio de su Pasión, muerte y Resurrección. Fracaso y victoria. Paradoja fundante del cristianismo.
- *Evolución:* El legado de Jesús, su divino humanismo, es un salto evolutivo en la propia humanidad. Tiene lugar a partir de la Pascua, gracias a la presencia activa y permanente del Espíritu.

En lo que sigue pretendo ofrecer claves sobre Jesús de Nazaret, llamado posteriormente *el Cristo*. Estas claves son nombradas con las palabras de la Tradición, pero en cierto sentido reinterpretadas. Es un resumen de cristología bíblica porque está basado, principalmente, en los textos evangélicos, que son los datos que podemos interpretar, sobre los cuales podemos reflexionar y a los que podemos interrogar. Estas claves son la Encarnación, la Misión y la Pascua, el Espíritu-Sofía y la evolución humana.

1
Encarnación

El credo cristiano asienta su fe en el Cristo sobre la base del misterio de la Encarnación. Misterio, ciertamente, porque el origen de todo ser humano lo es y porque en esta frase se condensa algo sobre Jesús de Nazaret relacionado con su origen, su desarrollo y sus peculiaridades, según deducimos de los cuatro evangelios. Por eso, este misterio rondará interrogantes sobre sus inicios, sobre su forma de estar corporalmente en el mundo, tal como la recogen los relatos evangélicos, y sobre la relación de su persona en el juego de la luz y la sombra propio de todo ser humano.

Origen

A lo largo de la historia cristiana, desde prácticamente los siglos II y III, el origen de Jesús, proclamado completamente humano y totalmente divino, ha sido objeto de discusiones y polémicas, algunas muy virulentas. En cierto sentido duran hasta hoy. ¿Cómo integrar la creencia en la total humanidad de Jesús con su total divinidad? Aquí prestaremos atención a lo que dicen los relatos evangélicos e intentaremos interpretar sus datos en nuestro contexto y con nuestras categorías.

¿De dónde viene Jesús? Las primeras comunidades cristianas respondieron a esta pregunta afirmando que Jesús viene de D*s y de la humanidad, que es Hijo de D*s y es hijo de lo humano, pero cada evangelio lo cuenta de una manera. Mateo y Lucas se valen de esquemas literarios de su época y cultura, esquemas que la gente entendía sin necesidad de muchas explicaciones. La cultura judía y la greco-romana recurrían a dos instrumentos literarios: las genealogías y los relatos de infancia. Mediante las genealogías hacían remontar los orígenes de sus héroes y antepasados hasta tiempos muy remotos. La genealogía garantizaba el «pedigrí» de los personajes, clanes y familias. A veces confirmaba la raza, pero otras, servía para justificar el carácter heroico de un personaje y su valía, o sus buenas credenciales para una función –social, política o religiosa–: «le viene de familia», solemos decir en lenguaje popular. Sin embargo, la casi totalidad de estas genealogías eran construcciones socio-políticas. Los griegos y los romanos eran hábiles forjadores de genealogías, pero no menos que los judíos, como comprobamos en la Biblia hebrea o Antiguo Testamento. Pues bien, Mateo para hablar de los orígenes de Jesús construye una genealogía que se remonta hasta Abrahán, aunque cita primero a David porque quiere mostrar que Jesús es de su linaje. Esta genealogía está construida con mucho cuidado. Arrancar de David y Abrahán es colocar los antepasados de Jesús en un contexto universal, pues Yhwh bendijo en Abrahán a todas las naciones. La referencia a Abrahán libera la mención de David de la tentación nacionalista de Israel. Por eso dice «origen de Jesucristo hijo de David, hijo de Abrahán» (Mt 1,1). Además, en medio de la larga lista de antepasados incluye a cuatro mujeres que, cuando menos, son «irregulares», tanto por ser mujeres –las genealogías, salvo contadísimas excepciones, son masculinas–, como por sus historias respectivas: Tamar, la nuera cananea de Judá; Rajab, la espía que introdujo a los israelitas en Jericó; Rut, la migrante moabita, y la mujer de Urías –Betsabé– de la que David se apropió adúlteramente. De este modo, Mateo introduce a Jesús dentro de la historia de su pueblo, como hijo de esa historia, dentro de un marco universalista e inclusivo del género y las etnias.

Lucas propone otra genealogía de Jesús más corta. A diferencia de Mateo, la coloca inmediatamente después del Bautismo, a continuación de los relatos del nacimiento y la infancia de Jesús y, en orden inverso a Mateo, parte de José y termina con Adán y D*s. La genealogía de Mateo era deductiva, la de Lucas es inductiva y, desde el presente, se remonta a donde comienza la humanidad por obra de D*s –Adán–. También es una genealogía universalista e inclusiva, pero en un contexto y con unos matices diferentes a los de Mateo.

La otra herramienta literaria son los relatos de vocación, nacimiento y misión de sus héroes, compartida, igualmente, por las historias bíblicas. Los relatos de infancia de Jesús de Mateo y Lucas son también diferentes. Mateo propone como figura central a José, mientras que Lucas sitúa a María en el centro de sus relatos. Cada autor atiende a la sensibilidad y las necesidades catequéticas de la comunidad a la que dirige su evangelio y por ello acentúa distintos aspectos. Mateo introduce numerosos elementos judíos y Lucas usa esquemas literarios helenistas.

Por su parte, Marcos y Juan prescinden de las genealogías y de los relatos de infancia. Marcos, el primer evangelio escrito, habla del origen de Jesús a partir de su «experiencia cumbre» en el Bautismo. El cuarto evangelio comienza con un discurso poético en el que afirma a la vez que Jesús viene de D*s y se hace carne, es decir, humano. Ni humanidad sin divinidad ni divinidad sin humanidad.

La diversidad que se aprecia en estos cuatro relatos subraya el carácter singular de Jesús y, sobre todo, la diversidad de interpretaciones que suscitan sus orígenes.

Los tres sinópticos –Marcos, Mateo y Lucas– incluyen un relato de diferente naturaleza a los mencionados, esta vez desde la experiencia del personaje y no ya desde fuera –genealogía y relato de infancia–. Me refiero a la experiencia del Bautismo. Pese a sus diferencias, coinciden en que mientras Jesús recibe el Bautismo de Juan Bautista tiene una experiencia personal e intensa –la «experiencia cumbre»– en la que toma conciencia de un modo profundo de quién es, porque Alguien, que se manifiesta como Padre, le dice que es su Hijo el amado, en quien se complace. En esa experiencia Jesús se siente poseído por el Espíritu. Los tres evangelistas narran inmediatamente después la estancia de Jesús en el desierto donde es tentado –Lucas introduce la genealogía entre el Bautismo y las tentaciones, aunque no influyen en la acción narrativa– y a continuación el comienzo de su misión pública en Galilea.

El relato de Marcos, muy sobrio, causa un fuerte impacto en el lector o lectora, que asiste a este episodio y a sus efectos. El Espíritu empuja a Jesús al desierto, donde es tentado y de cuya experiencia sale renacido, fuerte, con una seguridad, libertad y confianza que le llevan a proclamar a la gente algo que resuena en su tradición, pero que a la vez es genuinamente innovador: el proyecto del Reino. Y a partir de ese momento se dedica por completo a inaugurarlo y extenderlo, para que puedan adherirse a él quienes así lo descubran y lo acepten libremente.

Recopilando, podemos decir que los evangelios recogen la experiencia de Jesús, la experiencia de quienes vivieron con él y la de la primera y segunda generación que las escucharon, reflexionaron sobre ellas y las narraron. Según esta experiencia, Jesús tenía una clara y profunda conciencia de ser el Hijo amado de D*s siendo completamente humano.

Expresión

¿Cómo reconocer a Jesús humano y divino? Los evangelistas, mediante sus relatos, respondieron ofreciendo a sus oyentes y público lector sus palabras y sus acciones. Pero su modo de presentarlo y representarlo pasa, en primer plano, por su corporalidad. Parece algo obvio, pero no lo es en absoluto tal y como manifiestan las polémicas docetistas, cuyos coletazos llegan hasta hoy. El docetismo es una doctrina del cristianismo que no acaba de creerse del todo que el Cristo tuviera un cuerpo material, físico, como cualquier otro, sino que simplemente lo parecía, pues cree que D*s no puede rebajarse a la corporalidad, con su animalidad, sus límites e impulsos. Esta doctrina, muy antigua, se basaba, en parte, en ciertos pasajes del cuarto evangelio, ignorando otros en los que la corporalidad real de Jesús es patente. Cada vez que en la historia aparece una corriente cultural que desprecia o menosprecia el cuerpo, emergen conexiones docetistas que condicionan la vida y las prácticas de las y los cristianos –comida, ropa, hábitat, sacrificios corporales, sexualidad y placer, etc.–.

Todas las cristologías afirman la plena humanidad del Cristo y su valor humano paradigmático, sin tomar conciencia de que el desarrollo cristológico ha dejado de lado a las mujeres, es decir, a la mitad de la humanidad. Una de las razones tiene que ver con la idea patriarcal de que las mujeres son más cuerpo que los varones y están sometidas a él mucho más que ellos. Las leyes de pureza vigentes en el contexto socio-cultural de los evangelios lo dejan claro y así se manifiestan en pasajes concretos que vinculan el cuerpo de las mujeres con el cuerpo de Jesús provocando reacciones críticas y/o escandalosas: la mujer que le lava los pies a Jesús en casa de Simón (cf Lc 7), el relato de la hemorroísa en los sinópticos, etc. Y, sin embargo, quien lee los evangelios solo puede percibir los hechos y dichos de Jesús, su persona, su misión, si atiende a su cuerpo en relación con los otros cuerpos.

Los lectores y lectoras advierten una diferencia significativa entre la primera parte de los evangelios –su vida pública– y la segunda parte en la que se narran los sucesos que le llevaron a la muerte –Pasión, muerte y Resurrección–. En la primera parte, el personaje narrativo de Jesús aparece como un varón en la plenitud de la vida: fuerte, saludable, con una energía sanadora poderosa que comunica benéficamente a los que sufren en sus cuerpos necesitados o rotos, excluidos o enfermos. Los narradores lo

presentan como un hombre físicamente cercano que toca con sus manos, que unta de saliva
unos ojos, que se deja tocar por mujeres –la
hemorroísa (cf Mc 5), la mujer que irrumpe
en el banquete de Simón (cf Lc 8)– o coge de
la mano a una adolescente muerta (cf Mc 5),
rompiendo tabúes sociales y religiosos de su
tiempo respecto a la idea de pureza, que siempre tiene que ver con el cuerpo. El cuerpo de
Jesús es fluido y comunicativo, vehículo del
Espíritu que lo impregna y de la energía que
lo desborda, expresión del proyecto divino –el
Reino– dirigido a todas/os. El público lector lo
ve en distintas posturas corporales, comiendo
y cansado, preocupado por el hambre física de
la multitud que le sigue (cf Mc 6 y par.) y del
descanso de su círculo más íntimo o de sí mismo. Es un Jesús tachado de comilón y bebedor
y de ir en compañía de mujeres y hombres mar-
ginales y reprobables en el área de la sexualidad y la economía.

Es un hombre que usa sus sentidos, su vista, su oído, su gusto, su tacto. Un hombre que
anda y se sienta, que permanece de pie o tum-
bado –banquetes–, vestido y calzado, despierto

y dormido. Sus actitudes, acciones y Palabras son completamente corporales y de su presencia corporal emana lo que hoy llamaríamos *carisma,* atractivo, liderazgo de masas. Cada evangelio dedica muchos capítulos a contar a este Jesús activo y dinámico a través de su corporalidad.

Pero a partir de un punto, la percepción corporal de Jesús sufre un cambio. Lo mismo se deja ver que se esconde. Se vuelve cada vez más cauto y los narradores dejan entrever sus debilidades de alma y de cuerpo. En la última comida –cena– con su grupo íntimo realiza acciones simbólicas de importancia testamentaria, partiendo el pan con sus manos e invitando a beber de la copa de vino (Mc 14 y par.). Estos alimentos simbolizan su persona total, su cuerpo –el pan– y su vitalidad –el vino–, y a ellos se accede por la boca hasta el intestino pasando por el estómago para revitalizar físicamente a cada sujeto. La transformación del pan y el vino ordinarios en símbolos no es una abstracción de su materia ni de su relación inmediata corporal. La relación materia-símbolo-espíritu es patente.

Inmediatamente el lector o lectora ve a Jesús en un estado de angustia, buscando la compañía corporal de los suyos y, según el relato de Lucas, la angustia y el terror aparecen en la reacción somática de los sudores de sangre (Lc 22,44). El narrador ofrece la visión de un cuerpo acosado por el miedo profundo ante una crisis intensa. La resistencia a morir y el hondo sentimiento de fracaso se manifiestan corporalmente y eso es lo que pueden «ver» lectoras y lectores mediante las palabras del narrador y del mismo Jesús: un espíritu atormentado y un cuerpo sufriente y vulnerable. En los relatos de la Pasión y muerte, Jesús, ya pacificado interiormente, y tras haber asumido las consecuencias de su forma de vida, de sus Palabras y sus acciones y con total confianza en D*s, es mostrado como un cuerpo en manos de otros: atado, obligado a permanecer en determinadas posturas, arrastrado, ayudado, flagelado, torturado físicamente y ejecutado en la cruz, traído y llevado. Es un cuerpo frágil, debilitado, sufriente y agonizante y, tras su muerte, un cadáver manejado por otros y al que las mujeres quieren rendir un homenaje físico.

A continuación, se narran apariciones –visiones– a los suyos en las que Jesús, en un cuerpo distinto y a la vez reconocible, comparte la comida, pide a Tomás que le toque (cf Jn 20,27) y a María Magdalena que no le toque (cf Jn 20,17). La presencia del Resucitado, por tanto, solo es reconocible a través de su representación corporal física como el auténtico Jesús vivo para los suyos/as.

Luz-sombra

La identidad humana de Jesús no puede ser real si no se afirman de él sus sombras psíquicas. Como cualquier persona, el personaje narrativo que nos presentan los evangelios está formado por el contraste luz-sombra. Las cristologías tradicionales han subrayado su luminosidad, sobre todo cuando ha predominado la llamada *cristología descendente,* que pone de relieve particularmente su condición divina a costa, a veces, de su condición humana. Pero lo curioso es que ni siquiera la llamada *cristología ascendente* solía tener en cuenta las sombras del

Jesús narrativo –el contado por los evangelios–, pese a que aparecen y, a veces, de modo llamativo. Decir que Jesús tiene y manifiesta su parte de sombras se puede entender, según algunas teologías, como una especie de insulto a su divinidad, en la que no puede haber ni una minúscula imperfección. Esta idea, casi sin querer, tiende a deslizarse al docetismo. Muchas y muchos creyentes lo expresan al poner en duda su total humanidad cada vez que hablan de su ejemplaridad y dicen, por ejemplo, «claro, es que como era Dios», negando así, implícitamente, su total ejemplaridad para cualquier ser humano. Los narradores de los evangelios no dudaron en mostrar las sombras de Jesús. Queda descubrirlas e interpretarlas. Al hablar de «sombra» hacemos referencia a esa parte desconocida y oculta del ser humano que asoma, frecuentemente, en las proyecciones y en otras manifestaciones propias del inconsciente.

Jesús es presentado con mucha frecuencia situado en la sombra de su masculinidad, actuando desde la sombra propia. Es un personaje que no puede evitar reaccionar siempre que se siente atacado. En ocasiones se defiende fun-

damentando su postura –contra los escribas–,
o devuelve a sus contrincantes sus propias proyecciones. En otras, reacciona con ira: en la escena del hombre descolgado del techo (cf Mc
2,5-10) o en la acción contra el templo (cf Mc
1,15-19), por poner algún ejemplo. Le ocurre
también con sus discípulos varones, pues a veces se siente provocado y reacciona expresando
sombras de sí mismo, como en la tormenta en el
lago cuando los llama cobardes (cf Mc 4,35-41 y
par.) o cuando luego califica a Pedro de Satanás
(cf Mc 8,31 ss. y par.). Sin embargo, no encon-
tramos nada parecido en su relación con los personajes femeninos. No deja de ser interesante
que su zona de sombra aparezca en relación con
los varones –y la forma de entender lo masculi-
no– y no, como ocurre habitualmente, en relación con las mujeres. Por este motivo, podemos
afirmar que los narradores de los evangelios lo
presentan –sin saberlo, obviamente– como un
personaje que ha integrado la sombra del otro
sexo, pero no lo ha conseguido todavía con la
sombra del propio. Las narraciones indican que
el personaje narrativo de Jesús tiene problemas
con los varones, no con las mujeres.

Otra faceta de su sombra, que no suele poner-
se de relieve suficientemente, es la de su fracaso,
el fracaso del proyecto divino del Reino que es
su propio proyecto. Este fracaso el público lector lo va percibiendo en las reacciones del grupo
más cercano a Jesús, el de los Doce, sus discípulos varones, pues a medida que transcurre su
predicación y se va teniendo conciencia de su
impacto en los grupos religiosos y en los de po-
der, estos, los discípulos, muestran una resistencia cada vez más fuerte que los vuelve ciegos.
Y Jesús reacciona, porque percibe que su esperanza de que ellos hagan realidad el Reino se va
desvaneciendo. Los discípulos constituyen los
primeros signos de su fracaso. La propuesta del
Evangelio a través del personaje de Jesús, de sus
discípulos pese a todo, y de las mujeres y la gente
considerada «no personas» por el sistema, es una
propuesta diferente y luminosa, pero fracasada.

El narrador de Marcos, por ejemplo, presenta
el fracaso de los Doce, es decir, el fracaso del
intento recreador del nuevo Israel inclusivo, en
un horizonte igualitario. De este fracaso se de-
ducen tanto la propuesta como la derrota de esa
propuesta de nueva humanidad, en la que ser

un varón y una mujer cambian de sentido respecto a las expectativas socio-religiosas. Hasta las escenas de la tumba vacía, umbral de la Resurrección, Marcos presenta una realidad en la que los jerarcas son los vencedores y en la que la vida y la muerte de Jesús no cambian nada de su contexto social y político, de su contexto religioso. Hasta ese momento, parece que la masculinidad ambiciosa y violenta, oscura y misógina, excluyente y hegemónica, queda reforzada y los varones dirigentes siguen siendo los vencedores y referentes de lo humano. El experimento comunitario de Jesús, el perfil de las mujeres y su función en la nueva manera de ser humanidad, fracasa estrepitosamente.

Los otros evangelistas presentan este fracaso con diferentes matices y, según los relatos se alejan cronológicamente de los hechos, tienden a suavizar este fracaso, tal vez por la experiencia positiva de las primitivas comunidades pospascuales. La experiencia de la Pascua, en efecto, dará un vuelco a este panorama, pero no hay que olvidar que su luz no tiene un efecto mágico, sino que pide el esfuerzo y la colaboración de quienes han participado de ella.

¿Y las mujeres? ¿Son ellas tan luminosas como parece indicar el hecho de que pongamos el acento en el fracaso en y con los discípulos varones? Si seguimos con Marcos, la primera impresión es, por el contrario, que ellas forman parte de la sombra masculina en las escenas finales y, de hecho, cuando las mujeres acuden a la tumba para hacer los honores al cadáver de Jesús y se encuentran el vacío y una Palabra en su lugar, sufren una conmoción caótica. El lector de Marcos no recupera narrativamente a las mujeres en la zona de luz ni en la luminosidad del Resucitado, cosa que sí ocurre en otros evangelios. En Marcos, ellas lo dejan todo en el umbral de la fe. Los otros sinópticos y el cuarto evangelio ofrecen una perspectiva diferente y muestran a las mujeres en y a la luz del Resucitado. Marcos, sin embargo, deja que sea el público lector quien realice libremente el paso de la sombra a la luz. La vuelta a Galilea, donde las mujeres y el lector o lectora podrán ver a Jesús, exige cruzar ese umbral de muerte, de sombras, y superar la conmoción y el miedo, para acceder a la Pascua.

Estas últimas escenas de Marcos lo presentan a su público lector en la realidad de su fracaso y en el umbral de algo diferente, anunciado, pero no reconocido, solo posible mediante la fe. La única garantía es la palabra del joven que lo anuncia en la tumba vacía.

Las cristologías suelen presentar a Jesús como el inocente por antonomasia, como si fuera evidente, cuando en realidad no hay tal evidencia si observamos la vida del protagonista desde el punto de vista del sistema dominante. En este sentido, Jesús aparece envuelto en la sombra de la sospecha. Para quienes eran los garantes del cumplimiento de la Ley, Jesús era un sujeto sospechoso y peligroso. Nuestra percepción de Jesús, como el Inocente y el Hijo de D*s, ha empañado la apreciación real de la persona presentada en los evangelios en su propio contexto. Basta con mirar la manera en que la historia cristiana y no cristiana, así como también en la realidad actual, trata a las personas que muestran rasgos semejantes a los de Jesús. No es preciso insistir en el hecho de que nuestro sistema sigue asesinando a quienes molestan o amenazan los intereses hegemónicos –activistas, disidentes, periodistas, etc.–. Jesús proyecta en los dirigentes de su contexto la sombra del sistema, la oscuridad de lo que intentan revestir de dignidad. La igualdad, desde esta perspectiva, induce al caos y el caos es interpretado como contrario al designio divino. Esta luz proyectada por el Jesús de Marcos –y de otro modo por los demás evangelistas– contrasta fuertemente con las sombras del sistema, visto desde la perspectiva de un Jesús inocente. Desde su cultura y sociedad Jesús no es inocente para el sistema. Y si el pueblo contempla su persona y su proyecto desde este punto de vista, no dudará en acusarle y condenarlo, como sucede en una de las escenas de la Pasión.

No hay que perder de vista que la historia de Jesús, según Marcos, fracasa. El camino que hacen las mujeres hasta la tumba, aunque lleven expectativas equivocadas, es un leve haz luminoso en medio de las sombras del fracaso. Solo más tarde tiene lugar la paradoja, la unión de los opuestos, el salto cualitativo, la transformación, que deja mudas y con miedo a las mujeres. Todo, no desde la zona de luz, sino desde la zona de sombras.

2
Misión

La Misión o ministerio público de Jesús el Cristo realiza en la historia, con sus coordenadas de lugar y tiempo, la Encarnación. Los relatos evangélicos, expresión de la memoria y el testimonio de quienes vivieron con él o recibieron su legado de las personas más cercanas, limitan esta dimensión del personaje de Jesús a un tiempo breve y a un contexto geográficamente muy delimitado. Algunas parábolas y símbolos expresan muy bien el carácter comprimido de dicha Misión, como es el caso del grano de mostaza que se convierte en un árbol frondoso, la levadura que fermenta la masa o la semilla enterrada que se convierte en espiga. Tales coordenadas hablan de verosimilitud y realismo, de un escenario donde puede desarrollarse lo fundamental del ministerio público. Hay tres claves para comprender esta dimensión de Jesús: el proyecto divino del Reino, el seguimiento y/o acompañamiento y la autorreferencia de sí mismo como Hijo del hombre o Hijo de lo humano.

Reino de D*s

El núcleo en torno al que Jesús el Cristo desarrolla su actividad y que centra sus Palabras, según los evangelios, es, sin duda el Reino o Reinado de D*s.

La expresión *Reino* o *Reinado de D*s* se encontraba en el ambiente del siglo I, por lo cual no sorprende que cuando Jesús habla de él en los evangelios despierte expectativas en la gente de su tiempo. El Reinado de D*s era sin duda una metáfora raíz. Esta metáfora se entiende de diversos modos. Unos creen que orientaba las expectativas de la gente hacia una restauración del reino de Israel que incluía el triunfo sobre los paganos. Otros lo entienden e interpretan desde la perspectiva apocalíptica, y desde la dimensión profética. Sin embargo, existe, además, un importante trasfondo sapiencial. En el siglo I, el judaísmo de colonización romana buscaba su liberación apelando a dos grandes corrientes de su tradición, la tradición de la alianza y la tradición profética y sapiencial de la *basileía toû Theoû*. En el siglo I, las tradiciones profética, apocalíptica y sapiencial estaban entrelazadas, integradas y cambiadas.

Si nos ceñimos a los relatos evangélicos, podremos percibir mejor la relación entre Jesús y el Reino de D*s, así como su dinámica y sus efectos.

Marcos, por ejemplo, sitúa su inauguración como efecto de la experiencia de Jesús en el Bautismo y en el desierto, como un descubrimiento que necesita comunicar en forma de propuesta y de programa comprimido. Dicha propuesta incluye tres componentes: el tiempo se ha cumplido, el Reinado de D*s está cerca y es preciso convertirse y creer en la Buena Noticia. El tiempo cumplido es un *kairós*, o tiempo cualificado y significativo, y se explica mediante la frase siguiente «está cerca el Reino de D*s», una frase general cuyo contenido específico no se desvela de antemano. Este modo de presentar el programa permite que todos los esquemas mentales previos se pongan en marcha. No es una estrategia invasiva ni deslumbrante. La *basileía de D*s* es un término familiar para los contemporáneos, generador de esperanzas, pero de significado plural. Quienes lo leen y quienes lo van a escuchar creen saber de qué se trata, pues en un principio está abierto a todas las corrientes e interpretaciones, hasta que la lectura del evangelio va mostrando que no es lo que parece y tanto los destinatarios del escenario narrativo en el que Jesus lo predica, como los oyentes y lectores/as posteriores, se irán preguntando qué significa en realidad. Incluso el mismo Jesús incluye unos correctivos en el curso de su actividad.

Esta presentación va seguida de la frase que expresa la actitud necesaria para el tiempo cumplido y la cercanía del Reino: «convertíos y creed la Buena Noticia». La conversión o *metanoia* era un concepto cargado de connotaciones religiosas judías, tanto en la Biblia hebrea como en la predicación de Juan Bautista. Esta expresión aparece en imperativo, con un carácter de urgencia que el narrador va a mantener a lo largo de todo el relato. El término *evangelio*, por su parte, indica que Jesús conecta con las expectativas del pueblo, según las cuales proclamar la *basileía* de D*s como Buena Noticia implica que D*s es rey y que por ello la esperanza de liberación puede mantenerse a pesar de todo. Lo nuevo y chocante es el marco, aunque todavía no se percibe más que en pequeños atisbos. Por ejemplo, la *metanoia* no es predicada por Jesús en el desierto, que es un lugar tradicional de conversión, sino justamente cuando acaba de salir de él. Para convertirse, parece decir Jesús, es necesario salir del desierto. Pero si es así, ¿qué significa la *metanoia*? Los personajes del relato, como el lector/a, van a comprobar en seguida, algunos con escándalo incluso, que *metanoia* se coloca en un marco de sentido inaudito. Jesús no tardará en afirmar que su tiempo, ese tiempo del Reino ya cumplido y a la vez dinámico, no es tiempo de ayuno, sino de bodas (cf Mc 2,18-22). No es tiempo de penitencia ni de petición de perdón, sino de descubrimiento y acción de gracias a un D*s que *ya ha perdonado* (cf Mc 2,1-12).

35

La proclama de Jesús podría llevar a pensar que tiene claro desde ese momento lo que va a hacer y cómo piensa realizarlo, pero la narración evangélica dice que él mismo va descubriendo qué es ese Reino, qué supone la *metanoia* y hasta qué punto la fe es transformadora. Esto es así hasta el punto de que debe ir incluyendo correctivos. Jesús creía que la modalidad de su proyecto iba a consistir básicamente en la predicación y la enseñanza. Muy pronto, sin embargo, la vida le asalta con elementos inesperados que le hacen pararse a discernir. Hay dos tipos de correctivos en su programa que afectan a sus contenidos, el primero con respecto a su propia actividad y el segundo con respecto a sus destinatarios. Los correctivos del primer tipo aparecen inmediatamente, cuando ha curado a la suegra de Pedro y, esa misma tarde, se le presentan muchas otras personas para ser sanadas (cf Mc 1,29-34). Entonces, Jesús vuelve a la soledad y la oración porque ha ocurrido algo que él no tenía programado. De hecho, cuando al alba llega Pedro a buscarle con exigencias porque hay gente que le espera, él vuelve a recuperar su programa previo y le dice que ha venido a predicar y por eso hay que marchar a las otras aldeas (cf Mc 1,35-39). No obstante, cuando le sale al paso el leproso que le pide ser limpiado (cf Mc 1,40-45), a Jesús, según el narrador, se le remueven las entrañas y lo limpia y vincula la limpieza del cuerpo a la actitud de fe y a partir de ese momento, cuando el curado no hace caso de la prohibición de hablar de ello y lo grita por ahí, la actividad predicadora de Jesús queda transformada y acaba por perder el control de sus consecuencias. El Reino o *basileía* de D*s, después de ese momento, ya no consiste solo en la predicación, sino también en los gestos de sanación y profecía.

Los correctivos del segundo tipo tienen lugar progresivamente, aunque los evangelios lo narran específicamente en la sección de los panes en torno a la cuestión fundamental de a quiénes va dirigido el mensaje de la *basileía*, si a los de dentro o a los de fuera. Los estudiosos del Jesús histórico parecen estar de acuerdo en que Jesús, en principio, no tuvo en mente a los gentiles. En el capítulo 6 de Marcos tiene lugar la primera multiplicación de los panes, una escena ubicada en territorio judío, con símbolos judíos en un marco de comensalidad enormemente provocativo, donde se mezclan las clases y los sexos y no se puede controlar el grado de pureza con que acceden a la mesa, pues no existen medios ni tampoco se respetan los ritos. El mensaje de la escena parece suficientemente claro: la *basileía* de D*s, como en los profetas hebreos, se parece a un banquete en el que participa todo tipo de personas, un banquete preparado gratuitamente por D*s sin reglas ni rituales de purificación, recuperando así creativamente el símbolo profético, después de haber compartido la mesa con personas indeseables e impuras (cf Mc 2,13-17), después de haber puesto en tela de juicio la función del sábado y de la sinagoga (cf Mc 3,1-6), de las autoridades religiosas y las leyes y ritos. Sin embargo, todavía la escena se encuadra en Israel y la religión judía –los números 3, 5, 12; la mesa; la tradición profética–. Esto va a cambiar a partir de la escena de la mujer sirofenicia (Mc 7,24-30 y par.).

La sirofenicia es una mujer extranjera, según parece, de la élite fronteriza caracterizada por oprimir a los judíos que tenían que vivir en territorio de nadie. Jesús, en su diálogo con ella, cuando va a pedirle que cure a su hija poseída por un espíritu impuro, manifiesta explícitamente su intención de no traspasar las fronteras de Israel en la lógica temporal del antes y después: primero los hijos, luego los demás. La mujer, conocedora del mundo simbólico del que habla Jesús sobre la mesa, los panes, los hijos y los perrillos, ofrece a este una lógica alternativa que le deja asombrado: en lugar de la lógica temporal del antes-después, propone la lógica espacial arriba-abajo que permite la simultaneidad temporal de unos y otros, de modo que ya no sea antes y después, sino a la par arriba y abajo. El descubrimiento que supone para él esta manera de entender a los destinatarios de su predicación y su acción le lleva a repetir el símbolo de la mesa en territorio fronterizo (cf Mc 8,1-26) donde se mezclan no solo los géneros, las clases, las edades, las aptitudes rituales... sino también las etnias. Los símbolos en esta ocasión, sin dejar de ser israelitas, son ahora más universales e inclusivos: el siete, el cuatro... y el ámbito conecta no solo con los profetas, sino con la tradición del desierto, de Moisés y de la Sabiduría. Gracias a la sirofenicia Jesús ha superado su propia postura racista rompiendo progresivamente las barreras que obstaculizan una mayor universalidad de la *basileía* de D*s, arrasando con las fronteras colocadas por los humanos y los sistemas religiosos y políticos allí donde las distinciones son convertidas en separaciones y jerarquías.

Estos tipos de correctivos –sin entrar en la parte de la Pasión y muerte– indican algunas cosas interesantes sobre Jesús y el Reino-Reinado de D*s. En primer lugar, que no es determinista y Jesús aprende de la vida. Su *basileía* se desarrolla y se realiza en su aprendizaje de la vida, que, a su vez, supone que la misma *basileía* está sometida a la vida en donde se da un proceso de retroalimentación: el Reino influye en la vida y esta permite y condiciona su desarrollo sin agotarlo. El Reino, por otro lado, se muestra más como un marco que como contenidos específicos, un marco solo perceptible a través de sus contenidos que, sin identificarse con ellos, solo se concreta y visibiliza en ellos. Un marco crítico, insobornable e inmanipulable.

La *basileía,* como indican numerosos estudios, remite a entornos judíos y greco-romanos de mujeres y de experiencias femeninas. Le es propia, además, un cierto sentido de urgencia que tiene la virtud de empujar siempre hacia delante, siempre como propuesta que respeta y promueve la libertad del ser humano, pues conocerla y descubrirla hace posible adherirse a ella o quedarse al margen.

En resumen, podemos decir que al tratarse de una metáfora raíz el Reino de D*s es elusiva, de interpretación plural, histórica y narrativamente hablando. La expresión *basileía de D*s* implica un concepto abierto, conectado con diferentes tradiciones teológicas de la Biblia hebrea y del contexto judío y greco-romano del siglo I de nuestra era, de forma que decidirse solo por alguna de dichas tradiciones sería empobrecerlo y cerrarlo. Es, por tanto, un término ambiguo que debe seguir evocando su pluralidad semántica y señalando críticamente las connotaciones patriarcales en las que se ha entendido y se sigue entendiendo.

Este proyecto divino del Reino proclamado por Jesús se encuentra hoy con un problema lingüístico y semántico. Vivimos en un contexto político y social de democracia en el que las monarquías son prácticamente irrelevantes y mantener la propuesta del Reino no resuena o, en todo caso, adquiere connotaciones socio-políticas anacrónicas y vinculadas a unas formas de gobierno y de vida propias de un pasado al que no se quiere volver.

Dice la autora holandesa Agneta Schreurs que las ideas y los ideales relativos a lo religioso se han vuelto inverosímiles para el ser humano secular de nuestro mundo. Creer en D*s, por primera vez en la historia humana, se ha vuelto algo inverosímil, pues han cambiado las estructuras de verosimilitud no solo en la sociedad, sino en las mismas conciencias. Y esto se convierte en un problema lingüístico, dado que las experiencias y las creencias religiosas y espirituales se valen de palabras, imágenes, relatos y símbolos verbales para expresarse. Este lenguaje choca con el lenguaje ordinario de la mayoría de la gente y los cristianos y las cristianas vivimos una dificultad interna que nos vuelve inadecuadas/os, como si estuviéramos en dos mundos distintos que tenemos que poner en contacto continuamente procurando que se entiendan entre ellos.

Nos situamos frecuentemente en una posición defensiva. Resulta difícil imaginarnos hablando con normalidad del Reino de D*s. Puesto que nadie se iba a enterar de a qué nos estamos refiriendo, tendríamos que dar explicaciones y esto podría irritar más a quienes nos escuchan, pero también a nosotras y nosotros, pues nos daríamos cuenta de que el lenguaje ordinario no es adecuado para hablar de ello, y también de que si lo hacemos en términos imaginativos y poéticos no nos tomarían en serio y si lo hacemos en términos académicos no nos entenderían... Apelar solo a la práctica o a unos cuantos tópicos sobre la justicia y la igualdad no diría casi nada sobre ello, sobre su riqueza, su fuerza de transformación política y social o su hondura espiritual y religiosa. No es extraño que nos coloquemos defensivamente, pues sabemos que nuestra creencia va a ser cuestionada.

El Reino de D*s apela a la Trascendencia, algo que ya no se encuentra dentro del contexto cultural occidental público, pues ha pasado a la dimensión privada. Cuando una imagen, una metáfora o una parábola como esta son, por sí mismas, públicas y tienen connotación política, ¿qué hacemos? Hemos perdido las vías de comunicación con nuestros contemporáneos para expresar nuestra espiritualidad. No solo con las personas de fuera, sino también dentro de la Iglesia y de nuestros grupos y comunidades. A la par, la dificultad de expresión y de comunicación no impide, sino que más bien agudiza la necesidad. Por ello, es preciso buscar y descubrir o inventar las metáforas-raíces que hagan entender y expresar esa otra metáfora evangélica que llamamos *Reinado de D*s* como centro del decir y del hacer de Jesús el Cristo.

Seguimiento y acompañamiento

Jesús el Cristo y el proyecto divino del Reino, su decir y su hacer, no serían viables sin la comunidad, pues él era un personaje público y su programa estaba destinado y abierto a todas las personas. Jesús buscó en seguida un grupo de seguimiento y de compañía. Quiso constituir una comunidad específica. Los evangelios lo presentan mediante un proceso progresivo de llamadas, invitaciones y adhesiones: primero cuatro varones, luego algunos más hasta completar un grupo simbólico de doce con la idea de recrear simbólica y visualmente un nuevo Israel. Este grupo, sin embargo, no era el único. Por el camino fue llamando y encontrando a otros y otras con funciones diversificadas y vinculación distinta. La función de los Doce se fue transformando y los grupos de personas, que acompañaban y seguían a Jesús, fueron creciendo en número y diversidad.

Las cristologías, en general, se ocupan de esta comunidad y de los Doce, en particular, con un marcado sesgo de género que, gracias a las cristologías feministas, ha sido puesto de relieve y, en una pequeña parte, tenido en cuenta. Ya no hablan con seriedad de discípulos varones, sino de discípulos y discípulas, de discipulado, porque se tiene en cuenta el papel desempeñado por las mujeres. En el evangelio de Marcos, por ejemplo, una vez que leemos en Mc 14,40 que las mujeres nombradas, y otras, le habían seguido y servido desde Galilea, es decir, desde el comienzo de su trayectoria, nos vemos obligados a realizar una relectura de todo el relato para incluirlas en las menciones generales. Cada evangelio tiene su propia connotación y alguno, como es el caso del de Lucas, posee más sesgos de género que otros. En cualquier caso, la presencia de discípulas es un dato recogido por los cuatro relatos. Con respecto a los apóstoles, las estudiosas no solo han insistido en la inclusión de pleno derecho de María Magdalena, sino que han estudiado con rigor el significado de los Doce en el grupo de seguimiento de Jesús. Ellos, repetimos, conforman un grupo simbólico en el marco del proyecto del Reino, un grupo que fracasa conforme avanza el evangelio.

En un proceso divergente, a medida que se hace más evidente el fracaso de los Doce que culmina con la traición de Judas y el abandono final por todos, el grupo de seguimiento de Jesús, heterogéneo y plural, avanza hasta convertirse en el depositario de la propuesta del Reino. Dentro de este grupo, las mujeres ocupan un lugar específico y de primera magnitud, pues no hay que olvidar que los evangelios están escritos decenios después y, por tanto, desde el punto de vista de la Pascua.

Así pues, ellas están en toda la narración evangélica. El evangelio en sus cuatro versiones es producto del testimonio pascual de las mujeres que seguían y acompañaban a Jesús. Ellas son las primeras testigos de la Resurrección. Sin su testimonio no habría Buena Noticia. En el estudio del seguimiento, las exegetas feministas hemos desviado la mirada del protagonismo –indudable– de Jesús, para observar su figura desde otro prisma. Con el fin de afirmar que las mujeres han sido tan seguidoras como los varones, las estudiosas hemos aplicado la hermenéutica de la sospecha. Puesto que ellas no son las autoras de los relatos escritos, tampoco aparecen ni su auténtico papel ni su punto de vista. Hemos rastreado las huellas de estas mujeres y a estas alturas tenemos datos y hermenéutica suficientes para reconocer su importancia y a la sospecha rastreadora de indicios, hemos sumado la hermenéutica reconstructiva que parte, también, de datos textuales y de hipótesis histórico-críticas.

Está fuera de duda, por tanto, que dentro del grupo de seguimiento de Jesús había mujeres, dado que a ellas se les aplican los verbos técnicos del discipulado de *seguir* y *servir* –*ako-louthéo, diakonéo*–, pero no todas se encuentran situadas en el seguimiento, por lo que es menester añadir a los conceptos de *seguimiento* –verbo *akolouthéo*–, aplicado a las mujeres (cf Mc 15,40-41 y par.), y al de discipulado –deducido del seguimiento, pero sin vocabulario aplicado a las mujeres– y de *acompañamiento*, «ir con él», *sỳn autô* (Lc 8,1-3). Los sinópticos utilizan la fórmula cuando Jesús escoge a varios de sus discípulos para que lo acompañen y en los casos generales en que lo acompaña la gente u otros grupos. El contexto permite diferenciar entre los diferentes tipos de acompañamiento. Los hay puntuales y los hay permanentes, como el caso de las mujeres citadas en Lc 8,1-3 o en Mc 14,40 y paralelos. En el evangelio de Lucas, se indica que iban con él y le servían con sus bienes, financiando la realidad concreta y cotidiana de su proyecto, como un mecenazgo, y formando parte del grupo itinerante. Dejar constancia de la tarea de mecenazgo es indicio de su importancia –como lo fue para tantas comunidades del cristianismo primitivo–.

Cuando Jesús escoge a los Doce, según el narrador, lo hace para «que estén con él y para enviarlos a predicar». Estar con él, convivir con él, acompañarle, forma parte inherente del grupo más próximo de Jesús. Indirectamente, el lector o lectora observa que esta compañía tiene para cada narrador una finalidad remota testimonial. Sin embargo, el itinerario evangélico muestra que la presencia no es suficiente. La mera presencia no es compañía ni la compañía es acompañamiento. La escena de Getsemaní es sobradamente clara al respecto, igual que el episodio donde Pedro intenta desviar a Jesús de su camino a Jerusalén (cf Mc 8,31 y par.). La resistencia de los discípulos varones al destino de Jesús, como queda dicho, los vuelve progresivamente más ciegos de forma que compromete su cualidad testimonial.

Con las mujeres no sucede así. Vistas desde el final, como muestran Marcos y Mateo, o Lucas desde el capítulo 8, ellas están en el grupo acompañando a Jesús y los narradores las colocan en los lugares fundamentales de la Pascua como testigos. Su acompañamiento es cualitativamente diferente, como lo es su presencia en la tumba vacía y, en los relatos del cuarto evangelio, después de la Resurrección, como es el caso de María Magdalena. Para ellas, acompañar va unido a sostener, observar y, por tanto, a contar o narrar como testimonio experiencial.

En los sinópticos, en efecto, la presencia de las mujeres es parte fundamental del itinerario evangélico: sin ellas no puede entenderse la Buena Noticia, ni el proyecto del Reino. Para ellas, en sus diferentes formas de cercanía a Jesús, acompañar es estar de una determinada manera. Son presentadas como parte del grupo de seguimiento y sostenedoras de Jesús y de su proyecto. La mención explícita de Lc 8,1-3 lo corrobora, aunque lo encuadre en un contexto más patriarcal, de forma que ha llegado a entenderse como un sostenimiento en la línea tradicional del servicio femenino, en lugar de un mecenazgo. No tenemos apenas datos, pero sí referencias contextuales en las que el mecenazgo de mujeres para fines religiosos y políticos no era excepcional.

Sostener incluye también la acción profética de la mujer anónima que unge a Jesús (Mc 14,3-9 y par.). Marcos y Mateo la presentan con una afinidad entre ella y Jesús ajena a los varones. El cuarto evangelio menciona a una mujer concreta, con nombre propio y califica la relación de María de Betania como amiga de Jesús. La comprensión contemporánea de la amistad incluía el sostenimiento no solo afectivo, sino efectivo.

La compañía de las *amigas*, tal como llama el narrador de Juan a Marta y María, es acompañamiento. El evangelista vincula con fuerza la confesión de fe de Marta (cf Jn 11,27) y su posterior servicio (cf Jn 12,1-8) con el sostenimiento a Jesús. De este modo, las expresiones teológicas de sostén son claramente materiales –servicio de la mesa, destino generosísimo del perfume de nardo puro, unción corporal en los pies...– sin que se puedan separar, pues todas forman parte del mismo campo semántico y del mismo conjunto de símbolos. Este sostenimiento, complejo y completo, es transformador. Lo indica el signo de Lázaro –su resucitación y presencia en el banquete– y lo indican las palabras de Jesús sobre el gesto de María al ungirle los pies y secarlos con sus cabellos. El cuarto evangelio incluye al discípulo querido en la afinidad con Jesús, pero sin la vinculación a la profecía.

Acompañar se traduce en observar. Puede resultar extraño a nuestra mentalidad, puesto que *observar* se usa habitualmente en el contexto del método científico o como momentos e incluso hábitos de una sociedad vigilante y de tendencias paranoides. No obstante, *observar* también forma parte de la toma de conciencia, observar hacia fuera y observar(se) hacia dentro. En el contexto evangélico la acción de observar de las mujeres –en la escena de la cruz– da fiabilidad a su testimonio posterior y hace posible que dicho testimonio verifique la muerte y sepultura reales de Jesús, es decir, su total humanidad, su condición mortal. Pero, en su interpretación más inmediata, observar desde lejos lo que ocurría en el escenario de la ejecución de Jesús supone acompañarlo con la presencia, en contraste con la ausencia de los discípulos y los Doce que desaparecen y se esconden.

Ellas han estado en el camino desde Galilea y ahora siguen estando en los momentos finales, comunicando así el mensaje de que tanto él como su proyecto han merecido y merecen la pena. Han sido y siguen siendo valiosos. Gracias a este observar y estar, el acompañamiento se convierte en resistencia –en el sentido de fortaleza y permanencia–. Acompañar a Jesús es resistir hasta el final, con un tipo de presencia que condensa el valor moral, el afectivo y el político, pues Jesús es ejecutado por las fuerzas religiosas y políticas del sistema. Es un observar que las capacita para dar fe, para testimoniar.

La condición de testigos pascuales de las discípulas y acompañantes, junto con los discípulos y otros que formaban parte del grupo de Jesús, es un componente fundamental del seguimiento y a la cabeza se encuentra el testimonio de las mujeres de la Pascua. No hay que olvidar que en la sociedad del tiempo de Jesús las mujeres no eran consideradas testigos fidedignas, por lo que no solo adquiere más valor su condición de primeros testigos, sino que aporta un potente rasgo igualitario al grupo de Jesús. La Pascua no puede entenderse sin la igualdad de mujeres y varones.

Muchas biblistas –y también muchos colegas– nos hemos preguntado por las razones que llevaron a los narradores de los evangelios, sobre todo de los sinópticos, a proponer la estrategia narrativa de posponer la información sobre la condición de discípulas y seguidoras de las mujeres al momento de la cruz. ¿Por qué tiene que enterarse de ello el lector o lectora al final, casi, del evangelio? Propongo mi propia interpretación.

La hipótesis que he desarrollado es que ellas manifiestan una ruptura y que, en esa situación final, cuando prácticamente se quedan solas, son un poderoso elemento crítico ante un discipulado fracasado. Pueden estar diciendo que la forma de seguimiento de la vida pública de Jesús ha terminado, que ha dejado de estar vigente porque la Pascua inaugura otra manera de estar con él y de testimoniar la Buena Noticia. Ninguno de los varones, ya sea de forma individual o grupal, podía realizar este papel. Ellas, en cambio, tienen posibilidades. Es decir, es importante que a lo largo de la narración evangélica las mujeres discípulas no aparezcan –aunque estén y el público lector tenga conocimiento de ello–, de forma que se vea con toda claridad el protagonismo de los varones, sus oportunidades, sus problemas y el fracaso del proyecto comunitario de Jesús con ellos. Sobre todo, que se vea claramente que el intento de Jesús de que simbolicen el nuevo Israel no solo ha fracasado, sino que no sirve, dada la evolución de su trayectoria.

Así, los evangelistas dejan que el protagonismo manifiesto de los Doce y los discípulos, como cuatro, como tres, o como algunos destacados por su nombre, dé de sí todo lo que ha sido posible. Jesús ha necesitado esos otros grupos, que han ampliado y dado forma a la inclusividad de ese Nuevo Israel. Y los relatos, sobre todo los de Marcos y Mateo, lo señalan mediante el lugar asignado a las mujeres, que han formado parte, de alguna manera –al principio quizás marginal–, de ese proyecto. Simbolizar la ruptura y a la par la continuidad no es sencillo. Los narradores –y las comunidades que se encuentran en su trasfondo– lo han intentado con las mujeres colocándolas en la zona del caos, allí donde puede emerger un orden distinto en todas las dimensiones.

La presencia de las mujeres al final del evangelio, fuera ya de la vida activa y mortal de Jesús, induce a pensar sobre cómo afecta la transformación pascual al mismo Jesús. La Encarnación, que es total, hace posible que ellas tengan la autoridad de reinterpretar no solo la forma nueva de adhesión a Jesús y a su proyecto, sino de reinterpretar su misma figura. Que se consiga aún está por ver, pues todavía se encuentra en camino.

¿Qué dicen sobre Jesús su grupo de discipulado y su «comunidad» final? Las cristologías han destacado, sobre todo, su condición de rabino, de maestro singular que llama libremente a los que quiere, que va conformando a los Doce con un objetivo concreto, que tiene una autoridad sobre ellos y un modo de tratarlos y contar con ellos muy diferente al de los rabinos y maestros de su tiempo. Desde mi punto de vista, subrayo, además, ese grupo y la comunidad final tienen la función de hacer de espejo proyectivo, el espejo que constituyen los discípulos varones al devolverle a Jesús aspectos importantes de su propia sombra de los que se tiene que liberar. Ellos ayudan a Jesús a crecer como sujeto humano y ayudan a perfilar el proyecto divino que se va configurando en medio de la vida y sus circunstancias. Las mujeres discípulas no son mera comparsa para Jesús. La afinidad cómplice que aparece en muchas de ellas permite percibir en las narraciones su singular alianza con él y con el proyecto divino. Algunas parecen entender a Jesús en profundidad, como es el caso de la mujer que unge a Jesús o de la misma María Magdalena. En este sentido los narradores muestran el apoyo moral, psicológico y teológico que las mujeres suponen para él. La comprensión supone, a la vez, confianza y en este sentido se convierten en depositarias implícitas de su legado.

Jesús no deja a nadie por el camino y en muchos momentos, y no solo en las escenas de la Resurrección, los narradores cuentan cómo ofrece más y más oportunidades a los suyos, y cómo, hasta el final, quiere recuperarlos. Basta recordar el episodio de la negación de Pedro en el patio del palacio de Pilatos y su breve encuentro con Jesús después de la farsa de juicio. Pero los encuentros con las mujeres, sus afinidades con ellas, las colocan en un lugar preferente que la posterior comunidad cristiana no ha entendido ni entiende aún.

Hijo de lo humano

En los temas de las cristologías destaca el capítulo dedicado a los títulos que los evangelios y la temprana tradición eclesial dedican a Jesús, encabezados por los de Cristo e Hijo de D*s. Con el estudio del desarrollo de los títulos se pretende un acercamiento mayor a la identidad de Jesús, como respuesta a la pregunta explícita que él mismo hace a los suyos en los evangelios: «Y vosotros, ¿quién decís que soy yo?» (Mc 8,29 y par.). Aquí me voy a ocupar del único título que Jesús reconoce y se da a sí mismo en los evangelios sinópticos: Hijo de lo humano, y algunos «Yo soy» que Jesús afirma de sí mismo en el cuarto evangelio.

Hijo de lo humano es una expresión aramea referente a la naturaleza humana –participación, pertenencia–, a su representante y a los orígenes de la humanidad. La cristología tradicional habla de *Hijo del hombre* suponiendo que *hombre* es inclusivo de la humanidad, es decir, que también incluye a las mujeres. Lo cierto, sin embargo, es que, aunque teóricamente se mantiene, en la práctica, como ocurre con todo el lenguaje patriarcal, el título no es inclusivo. Por otra parte, esta cristología ha entendido la expresión en un sentido paradigmático, pero jerárquico: Jesús es el hombre –humano– por excelencia, porque es también Hijo de D*s. Esta idea implícita suele ser negativa para la antropología cristiana, y afecta sutilmente a la fuerza ejemplar de Jesús.

En el mundo judío contemporáneo de Jesús, *Hijo de lo humano,* como condición humana, es parecido a decir «nacido de mujer» como lo expresa Pablo, usando el lenguaje popular, y aunque los evangelios no utilizan esta última expresión, *Hijo de lo humano* hace hincapié en la condición humana de Jesús, narrando sus orígenes y, en particular, aludiendo a su madre, incluso en los textos críticos y escandalosos sobre la familia judía patriarcal y su alternativa comunitaria (cf Mc 3,31-35 y par.).

De este contexto y el uso dado por los sinópticos a *Hijo de lo humano* deducimos la condición crítica de esta expresión por parte del Jesús narrativo ante lo humano y ante el linaje en el sistema patriarcal judío y romano. La lectura de los evangelios indica que Jesús toma distancia ante los títulos que le dan los demás, aunque esté interesado en lo que piensan de él. Pero solo se apropia directamente del título más cercano a lo compartido por todos y todas: la humanidad, su condición humana. Los evangelios dejan clara su conciencia de ser el Hijo de D*s, de modo que solo se pueden conjugar las dos dimensiones de manera unida e inseparable. Al considerar al Jesús evangélico paradigma de humanidad, también debemos considerarlo paradigma de divinidad. Compartiendo lo primero, comparte igualmente lo segundo.

La condición de Jesús como Hijo de lo humano es, por tanto, paradigmática de humanidad en sentido crítico respecto al linaje y la pertenencia familiar e institucional sexista y estratificada, tal como aparece en Mc 3,31-35 y par., entre otros textos. Por este motivo es obvio que las mujeres estamos incluidas, como lo están también las consideradas «no personas». Las mujeres somos parte de esa humanidad y hemos contribuido en buena medida a construir el paradigma de lo humano. Nuestra aportación a la humanidad es imprescindible. Formamos parte de la cristología como hijas de lo humano.

Sería incompleto, sin embargo, quedarse en la obviedad de que en la condición humana de Jesús estamos incluidas las mujeres, pese a contar con una historia contraria a la evidencia. Sería incompleto porque la condición paradigmática de Jesús en su humanidad divina y su divinidad humana alcanza a toda la humanidad. Estas paradojas se encuentran presentes en el comienzo de los textos bíblicos, conviene recordarlo. Los textos de Gén 1–3 ponen de manifiesto, mediante su lenguaje mítico, no solo el deseo humano de ser dioses, representado a través de la mujer primigenia, sino la presencia de lo divino en lo humano refrendado, explícitamente, por la misma divinidad. No da a los humanos la inmortalidad, pero en la mortalidad les hace partícipes de lo divino. La figura de Jesús y la interpretación de su identidad por los evangelistas se sitúa en un momento de plenitud de lo previamente indicado en el Génesis.

3

Pascua

Jesús el Cristo es el Jesús pascual que fue arrestado, sometido a una parodia de juicio, torturado y ejecutado con la crucifixión por las autoridades religiosas y políticas de su tiempo, y que fue resucitado por el Espíritu divino, D*s mismo. La fe cristiana lo proclama vivo en la muerte, vencedor de la muerte, conectando con mitos ancestrales de los ciclos de la naturaleza y de los héroes antiguos de numerosas culturas, pero yendo, osadamente, mucho más allá que ninguno de ellos.

Los datos de los que partimos son, como en todo lo anteriormente desarrollado, los relatos evangélicos y otros textos de Pablo y del Nuevo Testamento de los que no podemos ocuparnos aquí.

Proceso y ejecución

Los evangelios, recordamos, son narraciones elaboradas después de los acontecimientos pascuales que, además, presentan la identidad de Jesús y su trayectoria vital desde el punto de vista de la Pascua. Tanto los sinópticos como el cuarto evangelio presentan al personaje de Jesús, a partir de un cierto momento, consciente de las probables consecuencias de algunas de sus Palabras y de sus acciones. Como ya hemos indicado, fue considerado culpable de graves delitos religiosos –blasfemia, por ejemplo; desprecio de la Ley; etc.– por las autoridades judías y políticamente sospechoso de alteración pública e incitación popular a la rebelión por las autoridades políticas. La causa de la ejecución pública, sin embargo, parece más oscura y profunda, tal y como indican algunos de los textos –Marcos dice que lo mataron por envidia–, así como la implicación de Judas, uno de los Doce, al venderlo a los que deseaban matarlo. La parodia del juicio por parte de judíos y romanos ofrece muchos elementos oscuros que dan que pensar acerca de los entresijos del sistema, de los entresijos de los seres humanos –la negación de Pedro, el miedo, la manipulación de la masa...– y de la perversión de los poderes religiosos y civiles. Los evangelios presentan a Jesús como un ser humano físicamente roto, en algunos momentos profundamente tocado psicológicamente, frágil, con miedo, pero coherente, lúcido y consciente de su misión, confiado en D*s y con una fe robusta en que iba a ser resucitado por Él. Por tanto, el final de Jesús, condenado y ejecutado, es consecuencia de su vida, de sus Palabras y acciones, de sus actitudes en una sociedad patriarcal injusta y excluyente. La inclusión de las mujeres en condiciones de igualdad forma parte de su delito, es decir, de su cruz. La interpretación pascual de las mujeres y, a través de ellas, del resto del movimiento de Jesús acerca de la Resurrección muestra a un D*s que lo confirma completamente.

Las narraciones del proceso de la Pasión no glorifican la cruz ni esconden o minimizan el fracaso del proyecto de Jesús que acaba con su ejecución. Dicho fracaso es una fuerte crítica a la condición de esos rasgos propios de los relatos de héroes que aparecen en la parte pública

de su ministerio. La imagen pública del crucificado en medio de dos delincuentes es el remate
de la destrucción del personaje heroico, que no
elude la muerte ni lanza un discurso honorable
desde su patíbulo ni es salvado en el último mi-
nuto. Es presentado como un condenado más,
expuesto entre otros dos crucificados, ante el
que cualquiera puede preguntarse qué habrá
hecho para terminar así –«si lo han condenado, algo habrá hecho»–. Su ejecución siembra
duda y desconcierto, escándalo y escepticismo.
Es un muerto más. Desde fuera, nada lo distin-
gue de sus compañeros de patíbulo, pues la ig-
nominia los iguala. El lector o lectora que cree
que ese crucificado es el Cristo, Hijo de D*s
e Hijo de lo humano, es decir, el Resucitado,
tiene la posibilidad de tomar conciencia de la
hondura crítica que implica para todo el sistema que ha llevado a ese lugar no solo a Jesús,
sino a los otros condenados.

En la escena de la crucifixión también se ad-
vierte que, además de compartir la degradación
con los otros condenados, comparte también la
dignidad, esa que desde Jesús se extiende a los
compañeros de patíbulo y se convierte en un

profundo revulsivo para los sistemas de justicia. La dignidad de los otros condenados queda mostrada en las decisiones libres de cada uno, el que lo injuria y rechaza y el que le pide que le recuerde en su Reino (cf Lc 23,39-45 y par.).

El héroe caído que pende del patíbulo pone en entredicho los roles de género. Es un símbolo ambivalente para las mujeres y un gran interrogante para los varones. La comparación entre la ideología greco-romana del héroe con la narración de los evangelios y su propuesta de Jesús como un héroe caído y fracasado es una tremenda provocación para la mitología de la cultura del tiempo de Jesús y de las primeras comunidades cristianas. Esta comparación da al traste con un ideal de humanidad encarnado en un varón de rasgos determinados. Rompe con este modelo de humanidad y dicha ruptura es beneficiosa para mujeres y varones. La historia posterior, hasta la fecha, se ha encargado, sin embargo, de reconstruir el mito sometiéndose a las mismas servidumbres en una compulsión de repetición.

La cruz, siendo un fracaso estrepitoso y escandaloso para quienes habían creído y soñado con el Reino y con Jesús, es también la muestra de su valor real. Y esta perspectiva es la que se ve e interpreta, desde el lado de la Resurrección, como un indicio claro de su potencia, de sus posibilidades, de que la muerte, en efecto, no es la última Palabra divina, ni la de Jesús ni la de la Buena Noticia. Según los testimonios, son las mujeres las primeras que lo descubren, las primeras que lo anuncian y así lo interpretan, pese a las reticencias de sus compañeros varones. Pero, como bien sabemos y nos cuenta la historia, dicha interpretación se abrió camino en medio de otras ideas que entendían la cruz como un sacrificio propicio a la divinidad, de acuerdo con esquemas de la religión de los ancestros, pese a sus matices y leves cambios. Su fruto cuajó en un sistema religioso, político y socio-económico que sigue vigente.

La imagen divina que dirige una jerarquía elitista, que exige sacrificio y muerte con la promesa de un mundo diferente y compensatorio posterior a ella, permanece en el imaginario cristiano, y la figura del Cristo coherente con este esquema de creencias está grabada a fuego en las diferentes confesiones del cristianismo.

Como queda puesto de relieve por las teólogas feministas, las grandes perjudicadas son, todavía, las mujeres.

Resurrección

Un dato compartido por todos los relatos pascuales de los evangélicos es la tumba vacía del cadáver de Jesús. En todos ellos este dato aparece vinculado a la presencia temprana en el sepulcro de María Magdalena y las otras mujeres. En lugar de cadáver, ellas encuentran anuncio de Resurrección, Palabra, Buena Noticia de vida. Esta presencia y su testimonio ante los discípulos de Jesús indica que tanto ellos, como el público lector y receptor de esta Nueva solo podrán realizar la experiencia pascual si esta pasa a través de las mujeres en la tumba vacía. Dicho público lector y receptor se encuentra ante una experiencia cumbre, tan innombrable como real. El fuerte impacto de las mujeres dentro y fuera de la tumba excede a la Palabra, aunque la necesita y, de hecho, se convertirá en un canal fundamental de testimonio. La verificación de la experiencia, como es lo propio en la Biblia, se lleva a cabo a partir de las transformaciones que produce. Son estas transformaciones las que reclaman continuamente una interpretación.

Hoy podemos interpretarlas como una emergencia –categoría prestada de las ciencias– y su símbolo es la tumba vacía, el hueco que deja el cuerpo de Jesús. Podemos interpretar la «emergencia», atendiendo a los escasísimos datos de los relatos, como un salto cualitativo de la evolución de la humanidad, expresado en las vivencias de *shock* de las mujeres, narradas por los sinópticos, y como un proceso, al que parece ajustarse el relato del cuarto evangelio con María Magdalena. En términos de emergencia, podríamos decir que las mujeres de los relatos sinópticos perciben e interpretan la tumba vacía como el paso del nivel simple al complejo e inapresable. Es una experiencia liminal con intermediarios celestes. En el cuarto evangelio es distinto. La tumba vacía genera un proceso de descubrimiento y una cadena de interpretaciones que culmina en un salto cualitativo cuando Jesús no se deja retener –agarrar–. Entonces,

María puede percibir la transformación de la materia, es decir, la emergencia de un estado corporal, de un estado de vida, a otro en un nivel distinto, en otra dimensión. En todos los casos, las mujeres son los agentes locales, de estructuras locales, que conducen a las estructuras globales ya transformadas. La tumba vacía en los evangelios es un lugar privilegiado para el conocimiento y reconocimiento del Resucitado. El conocimiento como «participación». Los sinópticos solo mencionan la importancia de la piedra rodada a la hora de traspasar ese umbral, pero el relato de la experiencia de María Magdalena, según Juan, permite explorar mejor este lugar simbólico del umbral.

La Pascua, entendida como emergente, que irradia desde Jesús Resucitado sobrepasándolo –Cristo cósmico–, encierra en sí misma el hecho de la evolución, que es la forma en que se desarrolla la vida, hacia la plenitud en un proceso infinito. La evolución es el horizonte al que se asoman las transformaciones y saltos cualitativos de la humanidad en toda su historia, la que deja abierta y perfectible no solo la humanidad, sino toda la creación, es decir, el universo, el cosmos. La Pascua, por tanto, apunta hacia la *Rûaj* o Espíritu divino y recuperamos la Encarnación desde otra perspectiva. Podemos coincidir en que en Jesús lo humano ha alcanzado una cualidad extraordinaria que ha propiciado a lo largo de los siglos y de las culturas un reconocimiento de creyentes y no creyentes. Esa humanidad que, llevada a su máxima expresión, conecta del todo con la divinidad, es una humanidad condensada. La condensación caracteriza a la literatura antigua y a la literatura bíblica, pero también es un rasgo propio del inconsciente, que explica la apertura de sentido de los símbolos, los personajes y los acontecimientos y, por tanto, sus posteriores desarrollos hermenéuticos. La condensación conecta con la evolución porque propone la apertura, la posibilidad, la historia, la expansión, pero también las mutaciones y saltos cualitativos.

La condensación de lo humano que se asoma a lo divino es una característica paradójica. Los intentos de aproximación desde la perspectiva causal, lineal y solo desde la continuidad se quedan cortos. La paradoja, por el contrario, permite un acercamiento adecuado, pues se trata de la forma en que se presentan la figura y la vida de Jesús en los evangelios, es decir, la perspectiva de la Pascua, expresada como la vida en la muerte. A la par, es la figura expresiva que puede dar cuenta de la complejidad humana. Y con respecto a su identidad, cuanto más humano más divino y cuanto más divino más humano, pues en este caso la paradoja es reversible. Solo aceptando la tensión polar se puede percibir, que no explicar, esa tercera dimensión que brota de ella y que, en mi interpretación, se abre a la evolución en la cual integramos la materia, la historia, la continuidad y semejanza, así como la discontinuidad –los saltos cualitativos– y la diferencia –que en la evolución y la teoría de la complejidad es siempre «más»–. De este modo, quien desee acercarse a la divinidad de Jesús solo puede hacerlo entrando a fondo en su humanidad condensada.

Espíritu Santo

Todo lo expuesto conecta con el Espíritu, *Rûaj* o Sofía. De manera muy sumaria, podemos decir que la *Rûaj* o Espíritu divino en la Biblia hebrea se presenta con los rasgos generales de la creación y recreación, la liberación, la profecía y la sabiduría o Sofía. Es, por tanto, una *Rûaj* creadora y regeneradora de vida, liberadora de esclavitud, profética y sapiencial. El Espíritu de Jesús es el Espíritu del Resucitado, el Espíritu de la Resurrección. Según se desprende del evangelio es la fuerza regeneradora de la vida más allá de lo visible, empírico y evidente. Es el impulso para los nuevos comienzos y es, también, el Espíritu que impregna la humanidad, su corporalidad, sus relaciones, su condición social y política, el que activa la constante energía del Universo. Es quien consuela, aboga y defiende lo vulnerable, quien enseña y recuerda para el presente, memorial –como aparece en el cuarto evangelio–, es Misterio, pero también cotidianidad. Presente y horizonte de futuro sin límite, infinito. El Espíritu o energía divina que empuja dicha evolución es el mismo que situó al Cristo en el umbral de la Pascua, el que sobrepasó límites y fronteras en la escena de Pentecostés e impulsó a mujeres y varones normales a crear una manera nueva de vivir la

fe, algo que posteriormente dio origen a la religión cristiana. A su acción directa en el Jesús
resucitado solo podemos aproximarnos a través
de su efecto en los personajes y, más adelante,
en las comunidades cristianas. A partir de esta
perspectiva de la transformación de sujetos y
comunidades, según los textos, podemos hablar
de evolución humana y humanista.

El Espíritu del Resucitado no se confun-
de con el impulso natural, histórico y social,
pero ciertamente está en él generando continuamente creatividad en todos los niveles de
la vida. Y en el interior de la tendencia vital a
crear novedad, no cesa, ni en cantidad ni en
calidad. Esta idea de la evolución se relacio-
na con la plenitud, de forma que no desecha
a nadie ni a nada. Las consecuencias de esta
impregnación «espiritual» del impulso vital a
la novedad no están sometidas al cálculo, no
son evidentes porque no pueden identificarse
con lo que denominamos *progreso*. Las posibilidades y consecuencias son infinitas porque, según la fe en el Resucitado, traspasan la muerte.
Afectan a la imagen divina, a la de Jesús, a sus
dichos y hechos, que por tratarse de lenguaje

están abiertos a la hermenéutica, a la crítica y a la reconstrucción creativa de las y los creyentes y de las comunidades de todos los siglos. Afectan a lo que entendemos por vida y por muerte y, particularmente, afectan a nuestra idea de lo humano.

En Jesús, la evolución de la humanidad consiguió un momento especial de plenitud. Su persona, su propuesta del Reino o proyecto divino, su itinerario, fueron y siguen siendo final y nuevo comienzo. En este sentido su Espíritu o energía divina fue –como demostró el cristianismo primitivo– y es impulsor de evolución humana en los niveles individual y colectivo. La evolución humana y espiritual, obviamente, no se estancó ni terminó ahí y por lo tanto su condición paradigmática no puede entenderse como un modelo fijo ni como la perfección que expresa lo terminado y cerrado. Por el contrario, el Espíritu de D*s lanzó en él a la humanidad hacia delante pues, de no ser así, estaríamos anulando la condición misma del Espíritu y el proceso evolutivo de la creación.

Para una reflexión personal

- Toma aquella parte del libro que te resulte más sugerente y dedícale tiempo. Puedes volver a leer, meditar y, sobre todo, acudir a las citas bíblicas explícitas. Si hay alusiones bíblicas sin citas, búscalas y detente en ellas, procurando verificar críticamente su relación con el texto.
- Vuelve sobre aquellos aspectos que te resulten más complejos, nuevos, extraños, difíciles. Puede venir bien acudir a otros textos de cristología para iluminar, comparar, encontrar otras interpretaciones, ampliar...
- En algún momento, cuando tengas suficiente tiempo, toma el parágrafo sobre el cuerpo de Jesús y busca uno o dos textos evangélicos de los que se sugieren. Léelos desde la perspectiva corporal. Presta atención al tacto y a otros sentidos, implícitos

o explícitos, presentes en la historia elegida. Luego, interpreta tu fe en Jesús desde la perspectiva corporal. Pregúntate hasta qué punto eres consciente de la importancia de tu cuerpo en tu vivencia cristiana, detectando su implicación de hecho en la oración, los ritos, la vida cotidiana, tus posibilidades y limitaciones...

- En un rato de oración personal elige un objeto físico y simbólico para ti. Pon una música acorde. Imagínalo integrado en la perspectiva pascual y evolutiva: muerte y vida, visible-invisible, transformación y trascendencia. Puedes danzar o imaginarte movimientos armónicos individuales o con otras personas. Amplía poco a poco la perspectiva hasta que tome dimensiones cósmicas. Al final, toma conciencia de su impacto individual y conectado a toda la realidad animada e inanimada y, si te parece bien, escribe sobre la experiencia.

- Piensa en tu condición de seguimiento: ¿discipulado, testigo, compañera/o? ¿Con qué te sientes más identificado/a?, ¿qué consecuencias implica para ti?

Para una reflexión grupal

Y vosotras/os ¿quién decís que soy yo? (Mc 8,27-35)

Introducción

El grupo o la comunidad está reunido en forma de círculo. En medio habrá una Biblia abierta por el texto de Marcos y una vela o un cirio encendido.

Se comienza con la lectura individual del texto. Se dejan unos minutos de silencio reflexivo y en seguida una persona del grupo lee el texto en voz alta, parándose en la pregunta de Jesús a sus discípulos.

Primera parte: respuesta individual

Cada componente del grupo, libremente, da un paso adelante o se pone de pie y ofrece en voz alta su respuesta personal. Cuando se expresen quienes hayan querido responder, se deja un tiempo para el eco –cada cual puede escoger una palabra o una frase o una idea de las expresadas y repetirla haciéndola suya–. Luego se puede poner música o escuchar una canción.

Segunda parte: respuesta comunitaria o grupal
Todo el grupo a la vez repite la pregunta de Jesús tres veces seguidas para darle solemnidad y subrayar su importancia. Un/a portavoz del grupo o comunidad responde con palabras y con hechos concretos a dicha pregunta, que puede ser completada o matizada por el resto del grupo.

Tercera parte: respuesta socio-cultural
En diálogo abierto se pueden ir ofreciendo diferentes respuestas del propio contexto, de otros lugares y culturas, con el fin de elaborar un somero perfil de la figura de Jesús en nuestra cultura y en otras conocidas. Puede terminarse con la proyección de alguna película o algún episodio de la serie *The Chosen*.

Hijo de D*s-Hijo de lo humano

Dialogad y debatid sobre Gén 3,1-7 y sobre la apropiación del título de Hijo del hombre o Hijo de lo humano de Jesús, eligiendo alguno de los textos en los que Jesús se denomina de este modo a sí mismo. Los puntos para debatir pueden girar en torno a la humanización de D*s en la Encarnación o la divinización humana a través de los procesos evolutivos espirituales, en contraste con las megalomanías actuales de quienes se creen dioses.

Buscad figuras espirituales de la historia y del presente que muestren esos procesos espirituales evolucionados.

Bibliografía

GÓMEZ ACEBO I. (dir.), *Y vosotras, ¿quién decís que soy yo?*, Desclée de Brouwer, Bilbao 2000. En palabras de su coordinadora: «En este libro queremos transmitir nuestras vivencias y nuestro pensamiento sobre Jesús de Nazaret, desde una serie de títulos cristológicos que se remontan a los evangelios. Pensamos que podemos aportar algunos enfoques nuevos y sugerentes desde nuestra condición femenina».

GONZÁLEZ DE CARDEDAL O., *Jesús de Nazaret. Aproximación a la cristología*, BAC, Madrid 1993. Esta es una obra clásica de un teólogo clásico, para quien desee comprender en profundidad los principios tradicionales de la cristología.

Mariani M.-Navarro Puerto M., *Recorridos de cristología feminista*, Trotta, Madrid 2023. El libro consta de dos partes. La primera, «Deconstrucciones y reconstrucciones», ofrece un amplio estado de la cuestión y una sección de resumen sumario. La segunda, «Continuidad en la discontinuidad», explora y propone nuevos caminos. Las autoras, Milena Mariani y Mercedes Navarro Puerto, son dos teólogas diferentes; el título del libro, con especial referencia a los «Recorridos», indica la pluralidad de visiones, su orientación al diálogo y a la dialéctica que caracterizan a la teología feminista. Es un contrapunto crítico a las cristologías al uso.

Pikaza X., *Historia de Jesús*, Verbo Divino, Estella 2012. Este extenso libro ofrece una aproximación cristológica rigurosa. En contra de quienes ya piensan que la figura de Jesús de Nazaret ha pasado, el autor analiza los documentos antiguos desde la situación actual y cuenta de nuevo esa historia, para cristianos y no cristianos, con rigor crítico, presentando a Jesús como alternativa de humanidad. Para quienes deseen explorar la figura de Jesús desde la perspectiva de la antropología, la historia y la sociología antiguas son recomendables las obras de J. P. MEIER, *Un judío marginal. Nueva visión del Jesús histórico*, Verbo Divino, Estella 1998, en varios volúmenes, de fácil lectura y rigor científico, y G. THEISSEN-A. MERZ, *El Jesús histórico*, Sígueme, Salamanca 1999, un libro didáctico e interesante.

Índice